BEI GRIN MACHT SICH IHR WISSEN BEZAHLT

Eva-Maria Krüger

Erweiterte Offenlegung nach Basel II - Chancen und Risiken für kleine und mittelständische Unternehmen

GRIN Verlag

Bibliografische Information der Deutschen Nationalbibliothek:

Die Deutsche Bibliothek verzeichnet diese Publikation in der Deutschen National-
bibliografie; detaillierte bibliografische Daten sind im Internet über http://dnb.d-
nb.de/ abrufbar.

Impressum:

Copyright © 2005 GRIN Verlag GmbH
Druck und Bindung: Books on Demand GmbH, Norderstedt Germany
ISBN: 978-3-638-77389-8

Dieses Buch bei GRIN:

http://www.grin.com/de/e-book/67178/erweiterte-offenlegung-nach-basel-ii-
chancen-und-risiken-fuer-kleine

GRIN - Your knowledge has value

Der GRIN Verlag publiziert seit 1998 wissenschaftliche Arbeiten von Studenten, Hochschullehrern und anderen Akademikern als eBook und gedrucktes Buch. Die Verlagswebsite www.grin.com ist die ideale Plattform zur Veröffentlichung von Hausarbeiten, Abschlussarbeiten, wissenschaftlichen Aufsätzen, Dissertationen und Fachbüchern.

Besuchen Sie uns im Internet:

http://www.grin.com/

http://www.facebook.com/grincom

http://www.twitter.com/grin_com

 Fachhochschule für Ökonomie & Management Essen

Erweiterte Offenlegung nach Basel II

Chancen und Risiken für kleine und mittelständische Unternehmen

1. Semesterarbeit im Fach Finanzierung

Studium zur Diplom-Kauffrau (FH)

Eva-Maria Krüger

3. Hochschulsemester

Wintersemester 2005

08.03.2007

A. Inhaltsverzeichnis

B. Abkürzungsverzeichnis

BAFin	Bundesanstalt für Finanzdienstleistungsaufsicht
bspw.	beispielsweise
bzgl.	bezüglich
bzw.	beziehungsweise
EK	Eigenkapital
evtl.	eventuell
ggf.	gegebenenfalls
KMU	kleine und mittelständische Unternehmen
SRP	Supervisory Review Process
u.a.	unter anderem
usw.	und so weiter
z.B.	zum Beispiel

C. Abbildungsverzeichnis

3

I. Einführung

„Die neuen Eigenkapitalregeln für Banken – Basel II – sind tendenziell ein Förderprogramm für den Mittelstand.", so Jochen Sanio, BAFin Präsident und Mitglied im Baseler Ausschuss[1].

In der vorliegenden Arbeit wird genau das diskutiert, ob Basel II, speziell die damit verbundenen erweiterten Transparenzvorschriften, ein Risiko für den Mittelstand darstellt oder Chancen bietet, die zur Unternehmensförderung und -entwicklung beitragen.

Die Arbeit an der Frage, ob Basel II in erster Linie Chancen oder Risiken für kleine und mittlere Unternehmen (KMU) mit sich bringt, ist interessant, weil etwa 99,6%[2] der Unternehmen in Deutschland zum Mittelstand gehören, wodurch der Mittelstand eine elementare Bedeutung für unsere Volkswirtschaft darstellt.

Säule 3 der Eigenkapitalvereinbarung verlangt eine erweiterte Offenlegung, also mehr Transparenz sowohl von zahlenmäßigen Geschäftsdaten als auch von Managementqualitäten und der Strategie vom Unternehmen. Da die KMU häufig weder eine Strategie haben noch eine klare Aufgaben- und Kompetenzenverteilung haben, wird es an diesem Punkt Schwierigkeiten für die KMU geben.

In den folgenden Ausführungen wird besonders auf die Problematik der Säule 3 „Erweitere Offenlegung" der neuen Eigenkapitalvereinbarung Basel II eingegangen um die Chancen und Risiken aufzuzeigen, die sich durch die neuen Transparenzanforderungen für die KMU ergeben.

---

[1] www.basel2voeb.de/content „Aktuelle Kommentare zu Basel II", Handelsblatt 07.01.2002
[2] Institut für Mittelstandsforschung Bonn (IfW)

I.1. Kurzzusammenfassung

Die neue Eigenkapitalvereinbarung Basel II, die auf drei sich gegenseitig ergänzenden Säulen basiert, soll durch eine risikoorientierte Kreditvergabe das nationale und internationale Finanzsystem stärken und die Wettbewerbsfähigkeit der Banken sichern. Sowohl die Banken als auch die Unternehmen werden dazu angehalten ein ihrem Geschäftsrisiko angemessenes Risikomanagement aufzubauen. Bei dem so genannten Rating wird die Bonität des Kreditnehmers geprüft, welche die Basis für die Kreditkonditionen bildet. Das Rating und die Vorbereitungen darauf sind kosten- und zeitintensiv. Für größere Unternehmen ist das ein geringeres Problem als für den Mittelstand, weil die mittelständischen Unternehmen meist keine modernen Steuerungs- und Kontrollsysteme besitzen um die erforderlichen Daten für das Rating zeitnah bereit zu stellen. Wenn die Unternehmen diesen Transparenzanforderungen nicht entsprechen, bekommen sie ein schlechteres Rating. Ein schlechtes Rating führt zu einer schlechten Bonität, was wiederum zu einer hohen Ausfallrate und somit zu einer hohen Kapitalhinterlegung und hohen Zinsen führt. Für den Mittelstand bedeutet das, dass zum einen alle Geschäftsdaten offen gelegt werden müssen auch die des Unternehmers und, dass moderne Kontroll- und Steuerungssysteme eingeführt werden müssen um jederzeit der Bank erforderliche Daten zukommen zu lassen.

Ein erheblicher Vorteil der erweiterten Transparenzanforderungen besteht darin, dass eine Stärken-/Schwächenanalyse des Unternehmens gemacht wird, wodurch Schwachstellen frühzeitig erkannt werden.

Letztendlich werden die Unternehmen keine andere Wahl haben als sich gut auf das Rating vorzubereiten und einen guten Kontakt zu ihrer Bank zu pflegen um den Rating-Prozess zu vereinfachen. Eine andere Möglichkeit sind alternative Finanzierungsformen um in einem geringeren Maße von den Bankkrediten abhängig zu sein. Es ist demnach unerlässlich für die Unternehmen sich genau über Basel II und das damit verbundene Rating zu informieren.

I.2. Ziel der Ausarbeitung und Arbeitsumfang

Ziel der vorliegenden Ausarbeitung ist es, die Risiken, die die „Erweiterte Offenlegung" nach Basel II mit sich bringt, aufzudecken, aber auch die daraus resultierenden Chancen für den Mittelstand aufzuzeigen.

Zu Beginn erfolgt eine Vermittlung der grundsätzlichen Inhalte von Basel II und die damit einhergehenden Veränderungen im Kreditgeschäft so wie die Anforderungen an kreditsuchende Unternehmen durch den intensiven Ratingdialog insbesondere in Bezug auf Säule 3 „Erweiterte Offenlegung".

Nach einer Erläuterung der verschiedenen Rating-Verfahren folgen eine Gegenüberstellung der Risiken und Chancen der „Erweiterten Offenlegung" für die KMU. Schließlich folgen eine Zusammenfassung und eine Empfehlung an den Mittelstand.

II. Darstellung des Problems

Im folgenden Kapitel wird das Problem definiert und die verwandten Arbeitsmethoden dargestellt.

II.1. Definition des Problems

Das in der vorliegenden Semesterarbeit bearbeitete Problem bezieht sich auf die Risiken und Veränderungen, die die „Erweiterte Offenlegung" nach Basel II für den Mittelstand mit sich bringt und die Chancen, die daraus für die mittelständischen Unternehmen resultieren.

II.2. Methode

Da es sich bei Basel II um ein aktuelles Thema handelt, wurde größtenteils auf Material aus dem Internet zurückgegriffen um die Aktualität der Daten zu gewährleisten. Es wurde darauf geachtet, dass das Material von verschiedenen Homepages kam (Banken, Mittelstandsportal, Regierung usw.).

III. Basel II

III.1. Definition Basel II

Der Basler Ausschuss[3] für Bankenaufsicht hat 1988 die Eigenkapitalvereinbarung Basel II erarbeitet um die Stabilität des internationalen Finanzsystems zu stärken und die Wettbewerbsverzerrungen zu verringern. Darin wird festgelegt, dass Banken für Kredite, die sie an Unternehmen vergeben, 8% Eigenkapital hinterlegen müssen um eventuelle Ausfälle abfangen zu können. 1999 legt der Ausschuss das erste Konsultationspapier, auch Basel II genannt, vor, in dem Erweiterungen und Verbesserungen enthalten sind. Ziel der neuen Eigenkapitalvereinbarung ist ein Bankensystem mit einem angemessenen Risikomanagementsystem, um verschiedene Risiken wie das Markt- und Kreditrisiko zu minimieren. Diese verbindliche Richtlinie muss bis spätestens Ende 2006 in allen EU-Staaten in nationales Recht umgesetzt werden.

Die Eigenkapitalhinterlegung beträgt nach Basel II nicht pauschal 8% sondern orientiert sich an dem Risiko, das der Kreditnehmer mit sich bringt. Die Kreditvergabe hängt somit von der Bonität des Kreditnehmers ab. Unternehmen mit guter Bonität bekommen danach günstigere Kredite als solche mit schlechterer Bonität. Die Bonität und die damit verbundene Kreditausfallwahrscheinlichkeit werden in einem Rating[4] ermittelt. Um den verschiedenen Risikoprofilen gerecht zu werden und der unterschiedlichen Komplexität der Kreditinstitute, werden den Banken drei verschiedene Rating-Ansätze zur Verfügung gestellt, die im Kapitel III.2. Rating näher erläutert werden.

Basel II stützt sich auf drei sich gegenseitig ergänzende Säulen, die in der folgenden Grafik dargestellt sind.

---

[3] Basler Ausschuss: Der Basler Ausschuss für Bankenaufsicht ist ein internationales Gremium, was aus Vertretern der verschiedenen Bankaufsichtsbehörden und Zentralbanken besteht. Er ist zuständig für die Empfehlungen hinsichtlich der Änderungen internationaler Eigenkapitalregelungen für Banken.
[4] Rating (engl.): von to rate - einschätzen, beurteilen

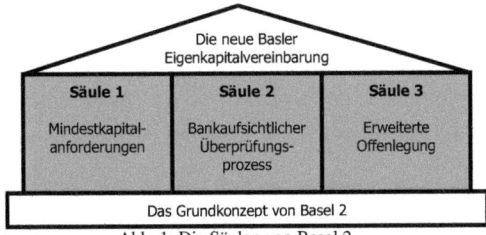

Abb. 1: Die Säulen von Basel 2

III.1.1. Säule 1: Mindestkapitalanforderungen

Die bereits bestehenden Mindestkapitalanforderungen in Säule 1, die bisher für das Kredit- und das Marktrisiko galten, gelten nun auch für das operationelle Risiko[5]. Das operationelle Risiko hängt zum einen vom Risikomanagement des Kreditnehmers ab und zum anderen von der Größe des Unternehmens, wobei die Höhe des zu hinterlegenden Eigenkapitals sinkt, wenn ein gutes Risikomanagement betrieben wird.

III.1.2. Säule 2: Bankaufsichtlicher Überprüfungsprozess - Supervisory Review Process

Säule 2 regelt den Überprüfungsprozess, auch Supervisory Review Process (SRP) genannt, der Bankenaufsicht und geht insofern über die Regelungen von Säule 1 hinaus, als dass externe Faktoren berücksichtigt werden wie bspw. die Konjunkturentwicklung. Die Banken müssen ein Risikomanagementsystem entwickeln, einführen und bei Bedarf anpassen. Erst mit einem solchen System kann eine Bank von der jeweiligen Aufsichtsinstanz bewertet werden.

---

[5] operationelles Risiko: z.B. technische Risiken, menschliches Versagen

III.1.3. Säule 3: Erweiterte Offenlegung

Durch die erweiterte Offenlegung und Transparenz in Säule 3 soll es möglich sein schnell einen guten Überblick in das Risikoprofil von Banken und Kreditnehmern zu bekommen. Für die Offenlegung gibt es verschiedene Empfehlungen und Vorschriften, durch die eine höhere Marktdisziplin und –transparenz erreicht werden soll. Die Unternehmen müssen über ihre aktuelle wirtschaftliche Situation und ihre voraussichtliche wirtschaftliche Entwicklung Rechenschaft ablegen. Es geht vor allem darum, Informationen über die verschiedenen Risiken, Markt-/Kredit-/Zinsänderungsrisiko/operationelles Risiko, zu erhalten und Informationen über die Kapitalstruktur zu erlangen.

III.2. Rating

Im Rating wird in regelmäßigen Abständen die Bonität des Kreditnehmers ermittelt, das heißt inwieweit er in der Lage ist seinen Zahlungen termingerecht nachzukommen und die Wahrscheinlichkeit, dass der Kreditnehmer den Kredit nicht zurückzahlen kann. Das Ergebnis dieser Berechnungen ist eine Ratingnote, mit der das jeweilige Unternehmen in eine der unten stehenden Rating-Klassen eingeordnet wird.

Ratingklassen	Ausprägung	Erläuterung
AAA	AAA+; AAA; AAA-	beste Bonität, geringstes Insolvenzrisiko
AA	AA+; AA; AA-	sehr gute Bonität, sehr geringes Insolvenzrisiko
A	A+; A; A-	gute Bonität, geringes Insolvenzrisiko
BBB	BBB+; BBB; BBB-	befriedigende Bonität, mittleres Insolvenzrisiko
BB	BB+; BB; BB-	befriedigende bis ausreichende Bonität, höheres Insolvenzrisiko
B	B+; B; B-	ausreichende Bonität, hohes Insolvenzrisiko
C	CCC; CC; C	kaum ausreichende Bonität, sehr hohes Insolvenzrisiko
D	D	ungenügende Bonität, (Insolvenz)

Abb. 2: Bonitätsmessung durch externes Rating; Basel II - Kreditrating als Chance von Jakob Wolf

Kreditnehmer mit einer hohen Ausfallwahrscheinlichkeit und einer schlechten Bonität zahlen höhere Kreditkosten als solche, die eine gute Bonität haben und eine geringe Ausfallwahrscheinlichkeit.

Neben diesen beiden Aspekten werden auch die Hard und Soft Facts[6] des Unternehmens beurteilt. Zu den Hard Facts zählen die Kapitalstruktur, die Umsatzrentabilität, die Liquidität und der Cash-Flow[7], die in der Kennzahlenanalyse ermittelt werden, während die Managementqualität, die Standortqualität, die Branchenentwicklung und verwendete Controlling- und Risikomanagementsysteme den Soft Facts zugeordnet werden. Eine elementare Beurteilung hat die Zukunftsfähigkeit des Unternehmens. Nicht vorhandene Krisenpläne für Krisenzeiten, eine ungeklärte Unternehmensnachfolge oder der Materialbezug von einem einzigen Lieferanten können sich negativ auf das Rating auswirken.

Schließlich müssen der Bank künftig mehr Informationen zur Verfügung gestellt werden als bei der klassischen Kreditprüfung.

III.2.1. Internes Rating

Das interne Rating, auch IRB-Ansatz[8]. genannt, wird von einer Bank durchgeführt, wobei auf Basis der Ausfallwahrscheinlichkeit die Eigenkapitalhinterlegung ermittelt wird. Es gibt die Möglichkeit den Basisansatz zu verwenden oder den fortgeschrittenen Ansatz. Dabei wird zum einen die Ausfallwahrscheinlichkeit geschätzt als auch die Restlaufzeit und der vermutlich ausstehende Kreditbetrag, wenn ein Ausfall eintritt.

III.2.2. Externes Rating

Externe Ratings, die teurer sind als die internen, werden von Rating-Agenturen durchgeführt. Bekannte amerikanische Rating-Agenturen, die auch in Deutschland tätig sind, sind „Moody's", „Standard & Poors" und „Fitch". Ein Unternehmen mit einem guten Rating von einer dieser Agenturen wird keine Probleme haben, Kredite zu bekommen, weil

---

[6] Hard Facts sind quantitative und Soft Facts sind qualitative Kriterien bei der Unternehmensbewertung
[7] Cash-Flow: Wird berechnet aus der Summe der Abschreibungen und Zugaben in die Rückstellungen und dem Jahresüberschuss bzw. Verlust
[8] IRB-Ansatz: Internal Rating Based Ansatz ist eine Möglichkeit, die Ausfallwahrscheinlichkeit des kreditsuchenden Unternehmens zu ermitteln.

diese Ratings nach einem einheitlichen Muster von neutralen Agenturen durchgeführt werden, wodurch die verschiedenen gerateten Unternehmen vergleichbar gemacht werden. Im Vergleich zu den internen Ratings sind die externen kostenintensiver.

IV. Basel II - Risiko oder Chance für den Mittelstand?

Der Großteil des Mittelstandes hat Bedenken gegenüber der „Erweiterten Offenlegung" nach Basel II, weil die Unternehmen nicht ausreichend darüber informiert sind. Deswegen verbinden viele mit den ausgeweiteten Transparenzanforderungen mehr Arbeit, mehr Kosten und teurere Kredite.

Im Folgenden werden die Risiken und Chancen der Transparenzanforderungen dargestellt und erläutert.

IV.1. Definition KMU

Im Weiteren gilt für die KMU die Definition des Instituts für Mittelstandforschung Bonn, die anhand der folgenden Grafik dargestellt ist.

	Mitarbeiter	Umsatz
kleine Unternehmen	bis zu 9	bis 1 Mio. €/Jahr
Mittlere Unternehmen	10-499	1-50 Mio. €/Jahr

Abb. 3: Einstufung der Unternehmen nach Mitarbeitern und Umsatz/Jahr

IV.2. Basel II als Risiko/Problem für den Mittelstand

Die Einschätzung, dass beim Rating wirtschaftliche Bedingungen die Bonität und das Kreditrisiko bestimmen, ist weit verbreitet. Mit der „Erweiterten Offenlegung" werden aber die gesamten Unternehmens- und Managementstrukturen einschließlich der Technik- und Sicherheitsverhältnisse in die Bonitätsbewertung als Kriterien einfließen. Dadurch entsteht für die Unternehmen mehr Verwaltungs- und Aufbereitungsaufwand und damit verbunden entstehen höhere Kosten.

Oft scheitert die Vorbereitung auf das Rating bei der nicht vorhandenen guten Buchführung. Viele traditionell organisierte und geführte Unternehmen haben ein umständliches, zeitintensives und veraltetes Buchführungssystem, was die Vorbereitungen auf das Rating erschwert.

Die „Erweiterte Offenlegung" nach Basel II erfordert von vielen traditionell geführten KMU ein Umdenken, weil die Einführung von fortgeschrittenen und formalisierten

Analyse-, Planungs- und Steuerungssystemen, die den Standards der Ratings entsprechen, von großer Bedeutung sind. Die Einführung dieser Systeme ist mit hohen Einstiegsinvestitionen verbunden. Viele KMU haben keine finanziellen Mittel um diese Einstiegsinvestitionen zu tätigen. Andererseits sind die Unternehmenssteuerungssysteme notwendig um die von der Bank gewünschte Qualität der Daten rechtzeitig, zeitnah und vollständig zu liefern.

Ein weiterer für die KMU unangenehmer Aspekt ist die Offenlegung von sensiblen Firmendaten. Es müssen bspw. Adressen aller Kreditoren und Debitoren, Lieferanten, ihres Steuerberaters, Rechtsanwaltes und Wirtschaftsprüfers angeben. Außerdem wollen die Banken wissen, ob das Unternehmen zum größten Teil von einem Lieferanten und/oder Großkunden abhängig ist oder ob es Ausweichmöglichkeiten bei Engpässen oder Ausfällen gibt. Eine ungeklärte Unternehmensnachfolge wirkt sich ebenfalls negativ auf das Rating aus. Um das Rating-Ergebnis nicht zu verschlechtern, müssen die Unternehmen diese Angaben machen, denn tun sie das nicht gehen die Banken vom „worst case"[9] aus und raten das Unternehmen schlechter.

Hinzu kommen zusätzliche Buchführungs- und Verwaltungskosten für die Unternehmen aufgrund der Informationsaufbereitung für das Rating. Der erhöhte Aufwand in den Unternehmen entsteht, weil monatlich der Bank Auswertungen mit Summen- und Saldenlisten aller Konten ausgehändigt werden müssen um die Entwicklung der bestehenden Forderungen, Bankbestände, Verbindlichkeiten und Vorräten ermitteln zu können. Dieser Prozess kann wie oben bereits erwähnt durch ein modernes Unternehmenssteuerungssystem vereinfacht werden.

Die Wettebewerbssituation muss dargelegt werden so wie eine Liste der Wettbewerber, die Darstellung der Position im Markt und die Marktanteile im jeweiligen Markt. Dazu gehören außerdem geplante Werbemaßnahmen um das Unternehmen anzupreisen und die Marktposition zu stärken. Werbemaßnahmen können nur geplant und durchgeführt werden, wenn erstens Gelder dafür zur Verfügung stehen, die KMU oft nicht haben, und zweitens muss das Unternehmen Mitarbeiter haben, die in diesem Bereich qualifiziert sind oder es muss auf teure Werbeagenturen zurück gegriffen werden.

Das im Rating geforderte Qualitätssicherungssystem haben viele Unternehmen wegen der hohen Kosten ebenfalls nicht in ihren Geschäftsablauf integriert.

---

[9] worst case (engl.): im Bezug auf das Rating bedeutet das, dass von den ungünstigsten Bedingungen ausgegangen wird und das Unternehmen schlecht geratet wird

Der Unternehmer ist auch verpflichtet seine Bank über geplante Projekte zu informieren, indem er der Bank seine Finanzplaninstrumente aufzeigt, seine Plan-Gewinn- und Verlustrechnung so wie den Investitions- und Liquiditätsplan.

Auch die im Rating geforderten Krisenpläne für Krisenzeiten, z.b. schwache Konjunktur, werden von kleinen Unternehmen selten angefertigt, weil sie es entweder für nicht notwendig halten oder weil sie zu viel mit dem Tagesgeschäft beschäftigt sind.

All diese Aufgaben kann der Unternehmer alleine nicht erfüllen, denn wenn er es geschafft hat, die Schwachstellen aufzudecken, muss er geeignete und effiziente Maßnahmen einleiten um die Schwachstellen zu eliminieren. Dazu braucht das Unternehmen Unterstützung vom Steuerberater, Wirtschaftsprüfer und ggf. anderen Beratern, dessen Einsatz zusätzliche Kosten verursacht.

IV.3. Basel II als Chance für den Mittelstand

Es gibt nicht nur Risiken für den Mittelstand durch die erweiterten Transparenzanforderungen.

Anhand des Ratings lässt sich nicht nur die Bonität des Unternehmens ermitteln sondern das Rating ist gleichzeitig eine Stärken- und Schwächenanalyse für den Unternehmer. Risiken können erkannt und Potenziale ausgeschöpft werden. Das ermöglicht dem Unternehmer, gezielte Maßnahmen einzuleiten um Schwachstellen frühzeitig zu erkennen und abzubauen und die Stärken auszubauen. Daraus resultiert eine bessere Unternehmensführung und Kostentransparenz.

Um gezielt an den erkannten Schwächen arbeiten zu können und effektive Gegenmaßnahmen einleiten zu können, empfiehlt es sich für den Unternehmer, dass er mit seinem Steuerberater und Wirtschaftsprüfer über das Rating spricht um gemeinsam Lösungen für die Schwächen zu finden. Für den Unternehmer stellen die Transparenzanforderungen somit eine Chance dar um durch eine Schwachstellenfrüherkennung das Unternehmen im Markt zu stärken und im Zweifelsfall vor dem Konkurs retten zu können.

Ein wesentlicher Vorteil des systematischen Ratings ist, dass in der Bank - Unternehmer - Beziehung weder Antipathien noch Sympathien eine Rolle spielen. Das kann bei einer bestehenden Antipathie ein Vorteil sein, bei einer bestehenden Sympathie jedoch ein Nachteil. Im Wesentlichen wird sich die Kommunikation zwischen den Banken und Unternehmen verbessern.

Nach den Risiken zu urteilen scheint es, als gäbe es lediglich kostenintensive Möglichkeiten das Rating zu verbessern. Dennoch gibt es kostenneutrale Aspekte, die die Bank positiv bewertet. Wenn das Unternehmen alle von der Bank geforderten Informationen immer rechtzeitig und vollständig liefert, die Bank frühzeitig bzw. zeitnah über Probleme oder Krisen informiert, also einen regelmäßigen, offenen und qualitativ hochwertigen Kontakt zu seiner Bank pflegt, wird das Kreditinstitut dieses Verhalten positiv im Rating honorieren. Eine professionelle Vorbereitung auf das Rating ist somit unerlässlich.

Zudem haben die Unternehmen die Möglichkeit alternative und günstigere Finanzierungsformen wie Venture Capital, Factoring, Leasing und Forfaitierung zu nutzen um nicht mehr in einem hohen Maße von den Bankkrediten abhängig zu sein.

Basel II ist trotz der vielen Risikoaspekte eine Chance für die KMU das Unternehmen zu stärken.

V. Zusammenfassung

Zusammenfassend ist zu sagen, dass es in Zukunft unabdingbar für die Unternehmen ist sich auf das Rating ausreichend vorzubereiten und moderne Unternehmenssteuerungssysteme einzuführen. Tun sie das nicht und genügen den Anforderungen an ein gutes Rating nicht, werden sie schlechter geratet, bekommen eine schlechte Bonität, haben somit ein hohes Ausfallrisiko und müssen mehr Eigenkapital hinterlegen und höhere Zinsen zahlen.

Wie oben bereits dargestellt ist Basel II mit mehr Zeitaufwand für die Unternehmen verbunden und mit höheren Kosten. In vielen Unternehmen herrscht in beiden Punkten Knappheit. Die Gelder, die für moderne Unternehmenssteuerungssysteme benötigt werden, sind oft nicht vorhanden. Hinzu kommen Schulungskosten für die Mitarbeiter, die mit dem System arbeiten müssen, wodurch zusätzlich Zeit verloren geht um das Tagesgeschäft zu absolvieren. Basel II würde anfangs somit eine Belastung für die Firmen und das Tagesgeschäft, was liegen bleibt, sein.

Wenn diese Probleme überwunden sind, werden schnelle die Chancen deutlich, die sich aus der „Erweiterten Offenlegung" ergeben. Denn die Unternehmen haben die Möglichkeit durch das Rating frühzeitig Schwachstellen aufdecken zu lassen, die sonst unerkannt geblieben wären und das Unternehmen im schlimmsten Fall in den Ruin gestürzt hätten.

Somit wären die erweiterten Transparenzanforderungen grundsätzlich positiv zu bewerten.

17

VI. Empfehlung

Die kreditsuchenden Unternehmen müssen aktiv werden, Eigeninitiative ergreifen und sich ausreichend über die von ihrer Bank geforderten Unterlagen, Informationen und die Form dieser informieren um der Bank die Ratingunterlagen in geeigneter Qualität zur Verfügung zu stellen. Außerdem sollte das Rating und der damit verbundene Aufwand als Chance verstanden werden. Die Chance das Unternehmen zu stärken und im Markt besser zu positionieren.

Die alternativen Finanzierungsformen, die den Unternehmen zur Verfügung stehen können genutzt werden um die Abhängigkeit von der Bank zu verringern. Durch das Factoring zum Beispiel werden zum einen die Forderungen schneller eingetrieben, wodurch man mehr Liquidität hat, und zum anderen wird dem Unternehmen Verwaltungsaufwand abgenommen. Laut Herrn Hans Eberhard Schleyer, Generalsekretär des ZDH[10], „kann das Factoring auch positive Auswirkungen auf das Rating des Unternehmens im Zusammenhang mit Basel II haben", weil das Unternehmen insofern risikobewusster agiert, indem es den Forderungseingang durch eine Factoring-Firma sichert.

Auch das Leasing bietet nach einer Gegenüberstellung der Anschaffungskosten und der Leasingkosten, die man in der Nutzungszeit hätte, eine attraktive Finanzierungsalternative.

Empfehlenswert für den Unternehmer oder Mitarbeiter einer Firma, der mit der Bank verhandelt, ist es, dass er realistisch an die Verhandlungen rangeht, sich zuverlässig, ehrlich, glaubwürdig, verantwortungsvoll und flexibel der Bank präsentiert. Es ist von enormer Wichtigkeit, dass der kreditsuchende Unternehmer sich von Anfang an offen und kooperativ zeigt. Signalisiert der Unternehmer im Gespräch Bonität, indem er die wirtschaftliche Lage des Unternehmens ausführlich und dokumentiert darlegt, Planungskonzepte und Planbilanzen aufstellt, regelmäßige Gespräche über die Bonitätslage führt und das Informieren als Bringschuld versteht.

Der Blickwinkel der Unternehmen muss sich schließlich so weit ändern, dass sie das Rating nicht für die Bank sondern für sich selbst machen und somit durch aktive und gestalterische Mitwirkung aus Risken Chancen machen.

---

[10] ZDH: Zentralverband des Deutschen Handwerks

D. Quellenverzeichnis

Internetquellen

1) Deutsche Bundesbank: www.bundesbank.de/bankenaufsicht/bankenaufsicht_basel

2) Deutsche Industrie- und Handelskammer:

   www.dihk.de/inhalt/informationen/news/schwerounkte/rating/basel.html

3) Deutsches Institut für Wirtschaftsforschung: www.diw.de

4) Förderland: www.foerderland.de

5) Managerportal: www.4managers.de

6) Mittelstandsportal: www.mittelstandsportal.de/firmenfinanzierung

7) Price Waterhouse Coopers: www.pwc.de: „Studie zu den finanziellen und

   makroökonomischen Konsequenzen der vorgeschlagenen neuen

   Eigenkapitalvereinbarung für Banken und Wertpapierfirmen in der Europäischen Union

8) Ratingvorbereitung: www.ratingvorbereitung.de/Grundlagencheck.htm

9) Verband öffentlicher Banken Deutschlands: www.basel2voeb.de

Sonstige Quellen

1) Jakob Wolf, „Basel II Kredittraining als Chance - Souverän in das Kreditgespräch",
   Metropolitan Verlag

2) Ruhrwirtschaft 4/05 „Mittelstand in schwerem (Finanzierungs-) Wetter"